Mandie Davis

Ilustrado por
Alain Blancbec

First published by Les Puces Ltd in 2020
ISBN 978-1-9164839-9-6
© 2019 Les Puces Ltd
www.lespuces.co.uk
Spanish translation by Oscar Cayuela
Original artwork © 2019 Alain Blancbec and Les Puces Ltd

También disponible en Les Puces

Visite la tienda en nuestro sitio web: www.LesPuces.co.uk

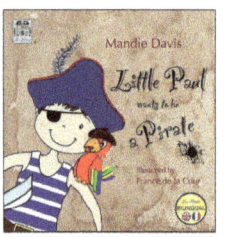    

  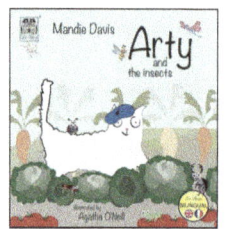 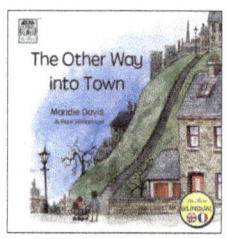 

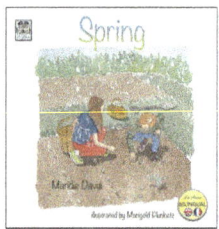   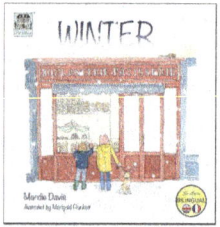 

   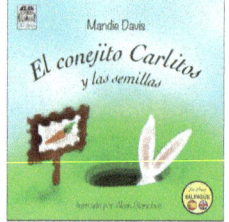 

  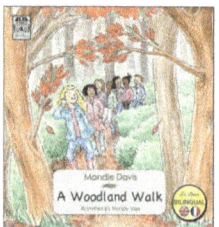  

¿De qué color es el cielo?

Mandie Davis
&
Alain Blancbec

¿De qué color es el cielo?
Es azul. El cielo es azul.

¿De qué color es la hierba?
Es verde. La hierba es verde.

¿De qué color es el sol?
Es amarillo. El sol es amarillo.

¿De qué color es el árbol?

Es rojo y marrón.

El árbol es rojo y marrón.

¿Quién vive en el árbol?
El pajarito vive en el árbol.

¿De qué color es la roca?
Es gris. La roca es gris.

¡Mira!

Hay una pelota rosa.

¿Quién está detrás de la roca? Es un chico. Su nombre es Pedro.

Pedro y el pájaro son amigos.
¿Cómo se llama tu amigo?

El pájaro vuela por encima del bosque.

¿Quién vive en el bosque?
Muchos animales viven en el bosque.

El río fluye a través del bosque hasta el mar.

¿Qué hay al otro lado del agua? Hay muchos países por descubrir y gente por conocer.

Por la noche podemos ver la luna y las estrellas. El cielo es negro y las estrellas brillan.

Los animales en el bosque
y la gente alrededor del
mundo miran la misma luna
y las mismas estrellas.

¡Nuestro mundo es maravilloso!

Our world is amazing!

The animals in the wood and the people around the world look at the same moon and stars.

At night, we can see the moon and stars. The sky is black and the stars sparkle.

What is on the other side of the water? There are lots of countries to explore and people to meet.

The river flows through the wood to the sea.

Who lives in the wood? Lots of animals live in the wood.

The bird flies over the wood.

Pierre and the bird are friends. Who is your friend?

Who is behind the rock? It's a little boy. His name is Pierre.

Look!
There is a pink ball.

What colour is the rock?

It's grey. The rock is grey.

Who lives in the tree? The little bird lives in the tree.

What colour is the tree? It's red and brown.
The tree is red and brown.

What colour is the sun?
It's yellow. The sun is yellow.

What colour is the grass?

It's green. The grass is green.

What colour is the sky?
It's blue. The sky is blue.

What colour is the sky?

Mandie Davis
&
Alain Blanbee

Also available from Les Puces

Visit the shop on our website at www.lespuces.co.uk

    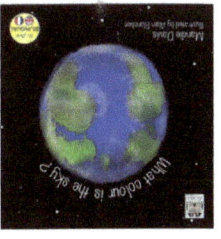

 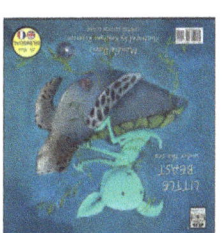   

Mandie Davis

illustrated by
Alain Blancbec

First published by Les Puces Ltd in 2019
ISBN 978-1-9164839-9-6
© 2019 Les Puces Ltd
www.lespuces.co.uk
Spanish translation by Oscar Cayuela
Original artwork © 2019 Alain Blancbec and Les Puces Ltd